T0413602

¿Quién fue Pelé?

¿Quién fue Pelé?

James Buckley Jr.

ilustraciones de Andrew Thomson

traducción de Yanitzia Canetti

Penguin Workshop

¡A todos los que aman el "deporte rey"!—JB

Para Rhia—AT

PENGUIN WORKSHOP
Un sello editorial de Penguin Random House LLC, Nueva York

Publicado por primera vez en los Estados Unidos de América por Penguin Workshop,
un sello editorial de Penguin Random House LLC, Nueva York, 2018

Edición en español publicada por Penguin Workshop, un sello editorial de
Penguin Random House LLC, Nueva York, 2024

Visítanos en línea: penguinrandomhouse.com.

Los datos de Catalogación en Publicación de la Biblioteca del Congreso están disponibles.

Impreso en los Estados Unidos de América

ISBN 9780593752944   10 9 8 7 6 5 4 3 2 1 WOR

Contenido

¿Quién fue Pelé?

En el verano de 1956, Pelé extrañaba su hogar. Había llegado a la ciudad de Santos, Brasil, apenas unas semanas antes. Había crecido en Bauru, un pequeño pueblo al este de Sao Paulo, pero sus increíbles habilidades en el fútbol llamaron la atención del equipo Santos. Tenía solo 15 años, y mudarse a la ciudad había sido una decisión importante para Pelé. Sin el fútbol, seguiría lustrando zapatos o trabajando en el campo. La mayoría de sus amigos en el equipo de su ciudad natal, nunca podrían soñar con dejar Bauru. Él, en el equipo de Santos, ganaría suficiente dinero para mantener a su familia. Y haría realidad su sueño de ser una estrella del fútbol.

Con poco más de 5 pies de altura, Pelé era pequeño para su edad. Era un jugador increíble

que podía driblar bien, y era muy rápido. En su nuevo equipo, sin embargo, estaba jugando contra adultos mayores y más grandes. Le preocupaba no tener éxito. También estaba lejos de casa

por primera vez. Y Santos era un lugar extraño. Luego falló un tiro de penalti fácil que le costó la victoria a su equipo. Estaba avergonzado y triste. Pelé ya estaba harto de la vida en la gran ciudad. "Eso es todo", pensó, "voy a renunciar".

Temprano en la mañana, empacó su bolso y salió de puntillas de su habitación. Tenía el dinero suficiente para un boleto de autobús de regreso a Bauru. Pero mientras caminaba despacio por el dormitorio, fue detenido por un hombre, Big Sabu, quien ayudaba a los jugadores con su equipaje y cuidaba a los más jóvenes. En sus muchos años con el Santos, había visto a otros adolescentes como Pelé. Eran jóvenes, asustados que a menudo pensaban en renunciar. Big Sabu detuvo a Pelé y le dijo que no podía irse sin permiso. Quería mantenerlo en el Santos. Pelé lo escuchó y tomó una decisión importante: Regresó a su habitación para seguir luchando por su sueño.

Y resultó ser la decisión correcta. Pelé había llegado al Santos como un jugador muy bueno, pero eso no era suficiente. Entrenó duro y pronto aprendió a hacer algo más que driblar. Trabajó en los disparos al arco, en los pases y en la ubicación en la posición correcta para ayudar a sus compañeros. Comió más, hizo ejercicios y se hizo más fuerte y más seguro.

Muy pronto, era una de las estrellas del equipo, anotando gol tras gol. Con su ayuda, el Santos se convirtió en uno de los mejores equipos del país. Cuando Pelé tenía solo 17 años, fue seleccionado

para el equipo nacional de Brasil y ayudó a su país a ganar ¡su primera Copa del Mundo!

En los años siguientes, Pelé se convirtió en el mejor y más famoso jugador de fútbol del mundo. Ayudó a Brasil a ganar tres títulos de la Copa del Mundo y anotó más de 1200 goles para sus equipos y su país. También viajó a los Estados Unidos en 1975 y ayudó a que el fútbol se hiciera popular entre los estadounidenses. Como el mejor jugador del deporte más popular del mundo, Pelé se convirtió en un embajador del fútbol y en un símbolo para el deporte en sí.

CAPÍTULO 1
El niño que amaba el fútbol

Edson Arantes do Nascimento nació el 23 de octubre de 1940 en el pequeño pueblo de Três Corações, (Tres Corazones), Brasil. Todavía en 1940, había muchas partes del mundo que no tenían electricidad. La mayor parte del sureste de Brasil era una de esas áreas. En honor a que su pueblo finalmente consiguió la electricidad, sus padres lo nombraron Edson como homenaje al inventor estadounidense Thomas Edison.

El padre de Edson se llamaba João Ramos, pero lo apodaban Dondinho. La mayoría de los brasileños tienen un apodo. Fue jugador de fútbol para el equipo de la ciudad. Su madre se llamaba Celeste. Dos años más tarde, su madre tuvo otro hijo, Jair. A Edson aún no lo habían apodado "Pelé".

Como todos los brasileños, la familia
Nascimento hablaba portugués. Brasil había sido
colonia de Portugal hasta 1822, cuando obtuvo la
independencia. En los años 1700 y 1800, millones
de africanos fueron esclavizados y traídos a Brasil

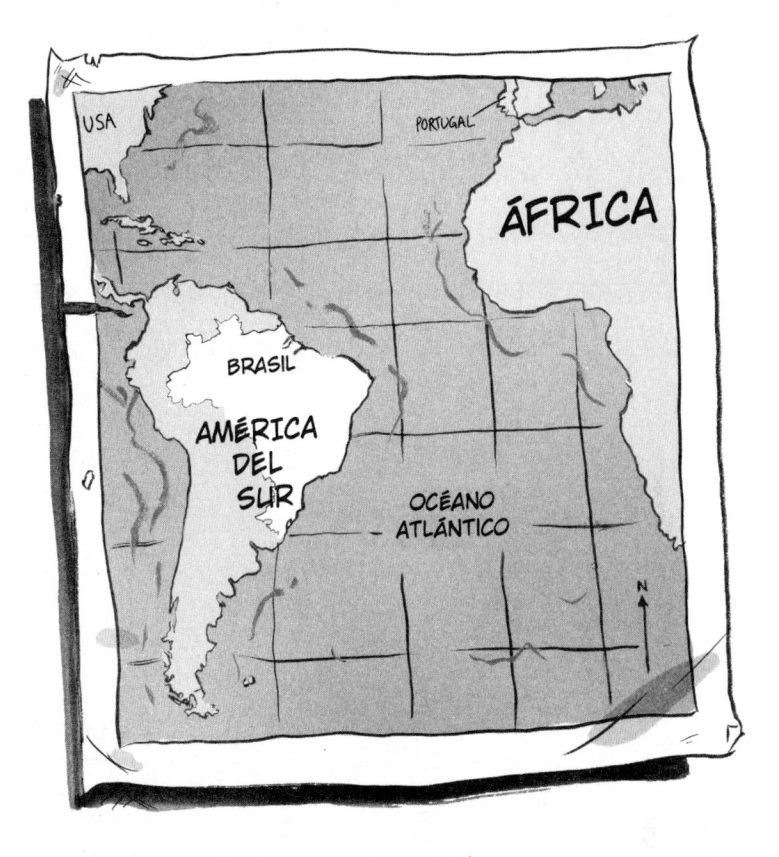

a trabajar en los campos para los portugueses. La familia Nascimento tenía antepasados entre esos africanos, por eso Edson tenía la piel muy oscura.

Dondinho jugaba al fútbol y esperaba que sus hijos lo siguieran. Pero jugar fútbol profesional no era una vida fácil. En esa época en Brasil, cada pueblo y ciudad tenía un equipo. Pero solo los mejores jugadores de los equipos más grandes ganaban buenos salarios. Los equipos más pequeños, como el de Três Corações y las ciudades cercanas, no le podían pagar bien a sus jugadores. Y eso le hizo la vida difícil a la familia de Edson. Vivían en una casa de ladrillo que casi se caía a pedazos. Y Edson no tuvo un par de zapatos hasta los siete años.

En 1943, nació la hermana de Edson. Se llamaba María Lucía.

Cuando Edson tenía 4 años, su padre fue a jugar a un equipo en Bauru, una ciudad más grande, al sur. También le prometieron un segundo trabajo para cuando no jugara al fútbol. Esta fue una buena noticia para la familia. De camino a Bauru, Edson se emocionó por viajar en tren por primera vez. Le encantaba ver a su país, Brasil, a través de la ventanilla. ¡Casi se cae por una antes de ser atrapado por Dondinho!

La vida en Bauru no era fácil. La casa de la familia estaba muy llena. La abuela de Edson y su tío Jorge se habían mudado a Bauru para que la familia permaneciera unida. La casa tenía solo un pequeño patio trasero, a menudo lleno de lodo. No tenían aire acondicionado en los calientes veranos. Y calentaban la casa en los inviernos con una estufa de leña, que también se utilizaba para cocinar. Edson apilaba la leña que llegaba a la casa cada semana.

El equipo de Dondinho no le dio el segundo trabajo prometido. Y se lesionó la rodilla, por lo que no podía jugar todo el tiempo. A veces la familia luchaba solo para tener suficiente para comer. Sus familiares trataron de ayudarlos. Incluso Edson tuvo que ayudar. Trabajó como limpiabotas en la estación de ferrocarril. También a veces trabajaba en el estadio cuando Dondinho jugaba. Le encantaba ver a su padre saltar por encima de los jugadores contrarios para rematar el balón con la cabeza, en la portería.

Soccer o fútbol?

En todo el mundo, el deporte que jugaba Dondinho se conoce como fútbol. Cada idioma tiene su propia palabra para ello. En Brasil, donde el idioma es el portugués, la palabra para este deporte es *futebol*. En español, es fútbol. Los alemanes lo llaman *fussball*. Los italianos usan la palabra *calcio*, mientras que en danés es *fodbold*.

En los Estados Unidos, el deporte una vez se llamó *association football* (fútbol de asociación) para que no se confundiera con el otro juego que los norteamericanos llaman fútbol. Este muy pronto se abrevió como "*assoccer*" y de ahí viene la palabra *soccer*.

Todos los niños del barrio de Edson jugaban al fútbol. Edson pasaba muchas horas jugando con sus amigos. Era rápido, y aunque era pequeño para su edad, era uno de los mejores.

Los chicos eran muy pobres para comprar un balón. Así que tomaron un calcetín viejo, lo rellenaron con trapos apretados y lo ataron con una cuerda. Esta bola deforme era pateada por

todo el barrio. Los postes de la portería eran un par de zapatos viejos. No había campos reales y muy pocas ligas organizadas para niños.

Edson tenía una ventaja: su padre. A Dondinho le encantaba enseñarles a sus hijos todo lo que sabía del juego que tanto amaba. Practicaban cómo driblar y pasar el balón. Les hablaba sobre las posiciones en el campo y cómo rematar el balón en la portería. Les mostraba lo importante que era manejar bien el balón con ambos pies, y cómo controlar el balón sin importar cómo te llegara. A Edson le encantaba este tiempo con su padre. Cuanto más jugaba Edson, más soñaba con ser un jugador profesional como Dondinho. Un día, les dijo a sus amigos, "voy a ser tan bueno como mi papá".

Un año después de mudarse a Bauru, Dondinho consiguió su segundo trabajo. Trabajaba en una clínica de salud del gobierno, barriendo pisos y

ayudando al personal. Edson a veces ayudaba a su padre en el trabajo. Dondinho aprovechaba el tiempo para contarle a Edson historias de su vida en el fútbol. A medida que los sueños de Edson crecían, se acercaba aún más a su padre.

Ahora que la familia tenía suficiente dinero, Edson podía ir a la escuela. Las familias pobres en Brasil tenían que ahorrar dinero para las cuotas y enseres escolares antes de que sus hijos comenzaran las clases. Su madre y su tía le remendaron su viejo *short* y le hicieron una bonita camisa. Consiguió una caja de lápices de colores para la escuela.

Pero Edson, el niño al que le encantaba jugar al fútbol, no disfrutaba de la escuela. No le gustaba quedarse quieto y no le gustaba hacer la tarea. A menudo se escabullía para ir a nadar o jugar al fútbol con sus amigos. Cuando estaba en clase, también hablaba mucho. ¡Como castigo, su maestra a veces le llenaba la boca con papel! Otras veces, ella lo hacía arrodillarse sobre frijoles duros y secos.

Cuando Edson tenía unos nueve años, los niños con los que jugaba al fútbol comenzaron a llamarlo "Pelé". La mayoría de los apodos en Brasil se basan en el nombre de una persona, en cómo se ven o en cómo actúan. Pero nadie sabe realmente lo que significa Pelé. "He vuelto a Bauru muchas veces", escribió Pelé más tarde, "y he preguntado a todos mis viejos amigos de esos días, pero no tienen ni idea de cuándo ni cómo comenzaron a llamarme Pelé".

Al principio, odiaba el apodo. ¡Incluso fue suspendido de la escuela por golpear a un niño que lo llamó Pelé! Pero finalmente llegó a amar el nombre que pronto lo haría mundialmente famoso.

CAPÍTULO 2
El equipo 7 de Septiembre

Pelé y sus amigos veían al equipo profesional de Bauru y leían historias sobre sus héroes del fútbol en todo Brasil. Cuando tenía 10 años, Pelé y sus amigos formaron su propio equipo. Lo llamaron 7 de Septiembre, en honor al día en que Brasil se independizó de Portugal en 1822. También era el nombre de una calle cercana. Pero el equipo quería hacer algo más que jugar en las calles.

Lo primero que necesitaban era un balón de fútbol real. Pelé tuvo la idea de coleccionar pegatinas que representaran a famosos futbolistas brasileños. Estas se vendían con dulces y otros

productos. Si reunían suficientes pegatinas, podrían comprar un balón. Encontrarlas fue un trabajo duro, pero finalmente tenían todas las pegatinas que necesitaban. ¡El equipo logró su nuevo balón de fútbol! Como todo fue idea de Pelé, el balón se guardó en su casa y él se convirtió en el capitán no oficial del equipo.

Ser el "guardián del balón" tenía algunas desventajas. Cada vez que el equipo rompía una ventana mientras jugaban, los vecinos iban a la casa de Pelé a quejarse. Y a veces los chicos golpeaban un poste de luz y cortaban la electricidad por un corto tiempo... ¡y entonces todos señalaban a Pelé!

Pero con las pegatinas no podían conseguir todo lo que querían. También necesitaban dinero para camisetas y calcetines. Y todavía no tenían tacos de fútbol. Así que decidieron cambiar el nombre de su equipo a Los Descalzos.

Un verano, la ciudad celebró un torneo de fútbol juvenil. Pelé y su equipo querían participar, pero las reglas decían que todos los jugadores tenían que tener zapatillas de fútbol. Así que uno de los padres les compró tacos a todos los niños.

Entonces, tuvieron que cambiar su nombre una vez más y se convirtieron en *Amériquinha*, que significa "Pequeña América" en español.

Aunque muchos de los otros equipos tenían jugadores mayores, *Amériquinha* ganó partido tras partido. Llegaron al partido final, que se jugó en el mismo estadio de Bauru donde había jugado Dondinho. La multitud coreó el nombre de Pelé cuando anotó un gran gol, y *Amériquinha* se fue a casa con el campeonato.

Después del juego, Pelé se emocionó cuando su padre le dijo: "Jugaste un partido hermoso. ¡Yo no podría haber jugado mejor!".

El éxito de Pelé en ese torneo lo llevó a jugar en el equipo júnior, de Bauru. Dondinho estaba emocionado, ¡pero Celeste no! Su madre quería que se centrara en la escuela y no siguiera la difícil vida de un jugador de fútbol. Pero Pelé sabía que este era un gran paso hacia su sueño, y con solo 13 años, se convirtió en un jugador profesional, recibiendo un pequeño pago por cada juego.

En el equipo júnior, conocido como *Baquinho*, trabajó con un gran entrenador llamado Waldemar de Brito. De Brito había jugado para el equipo nacional de Brasil en las décadas de 1930 y 1940. Fue un gran honor para este equipo de jóvenes adolescentes tener un entrenador tan famoso.

Waldemar de Brito

"*Baquinho* era un equipo fuerte", escribió Pelé más tarde, "y bajo Waldemar nos hicimos aún más fuertes. Éramos invencibles". Quería decir que no había quién les ganara.

Liderado por la habilidad goleadora de Pelé, *Baquinho* ganó un campeonato juvenil para el estado de São Paulo a principios de 1955. ¡En un juego, anotó 7 goles! Antes del juego, el portero del estadio casi no lo deja entrar. ¡Pensaba que el pequeño Pelé era solo un niño tratando de colarse sin un boleto!

Mientras tanto, Pelé seguía luchando con sus tareas y con su falta de atención. ¡Tuvo que repetir un grado dos veces! Pero logró pasar y terminar la escuela primaria cuando tenía quince años. ¡Le había llevado seis largos años terminar 4 años de escuela! A su madre todavía no le gustaba que jugara fútbol. Tenía mucho miedo de que su hijo

sufriera una lesión como la de su padre.

A medida que Pelé jugaba más y más partidos, había una persona que nunca aparecía en las gradas: su madre. De hecho, Celeste tenía tanto miedo de que lo lastimaran que nunca lo vio jugar en persona en toda su larga e increíble carrera.

Pelé continuó mostrando sus habilidades en cada juego. Era capaz de controlar el balón con sus pies mientras corría a toda velocidad. Aunque era pequeño, saltaba muy alto y lo hacía muy bien en los cabezazos, pasando el balón con su cabeza o rematando a la portería. De Brito le enseñó la famosa chilena. En este remate, le daba la espalda a la portería, subía las dos piernas a la vez y las mantenía en el aire, ¡y con una pateaba el balón desde arriba de su cabeza hacia la portería detrás de él! ¡Era un remate increíble!

A medida que Pelé desarrollaba sus habilidades, su amor por el juego crecía. Era más importante que todo lo demás, excepto su familia. Cuando

jugaba, demostraba ese amor y su tremendo espíritu, ¡y los fanáticos respondían con vítores!

Jugando para Bauru ganaba poco dinero. Pelé

quería ayudar más a su familia. Era muy mayor para lustrar zapatos, por lo que empezó a vender pasteles de carne a los pasajeros de los trenes que paraban en la estación de Bauru. También trabajó durante un tiempo en una fábrica de zapatos.

Cierto día, un equipo de la ciudad de Río de Janeiro, entonces la capital de Brasil, invitó a Pelé a jugar para ellos. Para Celeste, eso fue demasiado.

Sentía que Pelé todavía era "un bebé" y que Río estaba demasiado lejos y era muy peligroso para un adolescente. Por eso Pelé se quedó en Bauru, pero se preguntaba por cuánto tiempo más.

CAPÍTULO 3
La joven estrella

Waldemar de Brito continuó enseñando a Pelé y a otros jóvenes el juego que tanto amaban. Pero a principios de 1955, recibió una oferta para mudarse a la ciudad de Santos, en el estado de São Paulo, para trabajar para otro club. De Brito habló con Dondinho y Celeste y les dijo que Pelé debería jugar para su nuevo club, llamado Santos

Fútbol Club. Celeste seguía preocupada por su "bebé". Dondinho confiaba en De Brito, y São Paulo no era tan grande ni quedaba tan lejos como Río de Janeiro. Estaba a solo unas 200 millas de Bauru. Pelé, por supuesto, estaba encantado. Al final, la familia decidió que la estrella adolescente debería dar el siguiente paso en su carrera.

Para el viaje en tren a São Paulo, Celeste le hizo a Pelé sus primeros pantalones largos. Dondinho viajó con él a São Paulo. Waldemar de Brito los recibió en la estación de tren. Juntos, se dirigieron al

estadio del Santos, el Vila Belmiro. En el trayecto, Pelé miraba los altos rascacielos y se maravillaba con la multitud de personas. Una vez, un maestro le había contado que el océano era salado. Ahora podría comprobarlo. Pidió detenerse en una playa de São Paulo para probar el agua del océano y asegurarse. "No pueden imaginarse lo que esto significó para mí", escribió más tarde.

En el estadio, Pelé vio al equipo en acción y conoció a los jugadores, todos mayores que él. Muchos conocían a Dondinho de cuando era jugador. Uno de ellos era Vasconselos, la estrella del equipo. "No tienes que preocuparte, nosotros lo cuidaremos", le dijo a su amigo. Dondinho regresó a casa con Celeste sabiendo que su hijo estaba en buenas manos.

Pelé estaba muy nervioso. Le dieron una pequeña habitación individual en el dormitorio de los jugadores. Era la primera vez que vivía separado de su familia y estaba triste. También le preocupaba si podría jugar al nivel de los atletas mayores y grandes jugadores del equipo de Santos. Ni siquiera podía llamar a su madre, pues la familia no tenía teléfono en Bauru.

"Solo tenía 15 años, y de repente tuve que vivir con desconocidos en un lugar extraño", escribió más tarde. "Tenía miedo de fallar, pero aún más, ¡le tenía miedo a la oscuridad!".

Después de fallar un tiro de penalti en un juego, Pelé intentó escaparse e irse a casa. Extrañaba su hogar. Había perdido su confianza. También temía que nunca crecería lo suficiente para jugar con los jugadores más grandes. Mientras intentaba escabullirse sin ser visto, el asistente del equipo, Big Sabu, lo detuvo y lo convenció para que lo intentara de nuevo. Sabu no quería que Pelé se rindiera tan fácilmente. Le dijo: "¡Muchacho, si intentas huir de nuevo, te quitaré esa maleta!".

Para superar su tristeza, Pelé jugaba más duro que nunca. Practicaba con los mejores atletas del Santos y jugaba algunos partidos con el equipo juvenil. Los entrenadores le dijeron que tenía que ganar peso y fuerza, por lo que comía más y más. A todos les gustaba su energía dentro y fuera del

campo. Por un tiempo lo apodaron: ¡Gasolina! ¡Sentían que la energía de Pelé hacía que el equipo funcionara mejor!

Los entrenadores del Santos sabían lo especial que era su joven jugador. En el verano de 1956, Pelé tuvo su primera oportunidad de jugar en un partido de práctica con el equipo sénior. Santos ganó, 6-1, ¡y Pelé anotó 4 goles!

Los equipos de fútbol: El equipo y su país

Trofeo original de la Copa del Mundo

En todo el mundo, los jugadores de fútbol profesional pueden jugar para dos equipos diferentes. Su equipo principal es el club profesional que les paga. Un atleta puede jugar para un club en cualquier país. Un jugador de Brasil, por ej., puede jugar en una liga profesional en Italia, España, México o en cualquier otro lugar. Hay decenas o cientos de clubes de fútbol profesional en algunos países.

Los mejores jugadores también pueden participar en partidos con el equipo nacional de su país. Cada país tiene un solo equipo nacional. Los jugadores son seleccionados para este honor y luego dejan sus clubes profesionales brevemente para jugar para su equipo nacional.

Los equipos nacionales participan en torneos, como por ejemplo el campeonato de un continente, o en la Copa del Mundo, que se juega cada 4 años. También juegan entre sí en "amistosos", que son juegos de práctica que no forman parte de un torneo.

Más tarde ese año, el 7 de septiembre, una fecha familiar para Pelé, anotó su primer gol para el Santos en un partido oficial de liga. Como la familia de Pelé no tenía teléfono, ¡la noticia demoró un día entero en llegar a Bauru!

Pelé continuó alternando en los equipos júnior y sénior. Luego, el delantero estrella del Santos, Vasconselos, se fracturó una pierna. Pelé lo reemplazó como miembro del equipo sénior en

1957. Poco después, Pelé jugó su primer partido en el famoso estadio Maracaná en Río de Janeiro y anotó un *hat trick*, un término para describir que un jugador marca tres goles en un solo juego.

Fue el jugador más joven, con 17 años, en la liga y uno de los máximos goleadores. ¡El niño que pateaba un balón de calcetines, era ahora una superestrella! Pelé firmó un nuevo contrato con

Equipo Santos, 1957

el Santos de mucho más dinero. Envió la mayor parte a sus padres. Dondinho lo usó para comprar una casa pequeña para que la familia tuviera más espacio. Ahora no tendría que pagar alquiler. En las siguientes dos temporadas, Pelé se convirtió en una pieza clave del Santos, jugando en todo el estado de São Paulo y en otras partes de Brasil.

En 1958, todo Brasil esperaba ansioso la Copa del Mundo, el evento internacional del fútbol. Los fans leían las noticias sobre fútbol en los periódicos y escuchaban los juegos en la radio. Los que podían comprar las entradas, verían los

juegos en vivo. Era el acontecimiento más grande del país, y millones de personas esperaban las noticias: ¿Quiénes serían elegidos para el equipo nacional de Brasil?

Después de un período de entrenamiento, los técnicos llamaron a los jugadores. Leyeron la lista de los integrantes del equipo de la Copa del Mundo. ¡Pelé era uno de ellos!

CAPÍTULO 4
La gloria de la Copa del Mundo

La Copa del Mundo de fútbol de 1958 se celebró en Suecia, ¡muy lejos de Brasil! Sería el primer viaje de Pelé en avión. En el último partido de entrenamiento, Pelé se lastimó la rodilla, por lo que se pasó el vuelo poniéndose hielo.

Suecia fue muy emocionante para Pelé. Le encantaba conocer gente y ver los lugares de interés de sus ciudades.

A los fans suecos les llamaba la atención ver a una persona de piel tan oscura como Pelé. En

Brasil, había muchas razas mezcladas de culturas variadas. Pelé se sentía afortunado por haber crecido en Brasil, donde su herencia africana era común. Sin embargo, la población de Suecia y gran parte de Europa, era en su mayoría blanca. Estaban muy curiosos y emocionados por conocer al equipo brasileño, especialmente a Pelé.

En la Copa del Mundo, Pelé se perdió los dos primeros partidos, mientras sanaba su rodilla. Al fin entró en la alineación inicial como delantero central en un partido contra la Unión Soviética. Salió al terreno con sus compañeros y su camiseta amarilla brillando al sol. Una banda tocó el himno nacional de Brasil. Sintió una oleada de amor por su país. "Cuando la banda toca ese himno, los brasileños sentimos una fuerza extraña por dentro... Todos vivíamos en un sueño, pero ninguno más que yo". Pelé no anotó, pero hizo muchas jugadas clave, y Brasil ganó, 2-0. Era uno de los ocho equipos que quedaban en el torneo.

En su siguiente partido, contra Gales, Pelé anotó su primer gol en la Copa del Mundo, y fue una belleza. Recibió un pase con el pecho. Cuando el balón caía al suelo, giró y lo metió con la punta del pie en el fondo de la red. Fue el único gol del partido, y metió a Brasil en las semifinales.

La Copa del Mundo

Cada 4 años, los mejores equipos nacionales participan en la Copa del Mundo. Cientos de partidos se juegan en los años previos a cada Copa del

Mundo, para determinar qué países participarán en el torneo. Los 32 mejores equipos nacionales juegan en la final, que se celebra en un país diferente cada vez. Miles de millones de personas en todo el mundo ven los Juegos en la televisión.

La Copa del Mundo está dirigida por la Federación Internacional de Fútbol, llamada FIFA, que significa *Fédération Internationale de Football Association*, su nombre en francés.

La primera Copa del Mundo se celebró en 1930 en Uruguay. Solo ocho naciones han ganado la Copa del Mundo:

Brasil (cinco victorias)

Alemania, Italia (cuatro victorias cada uno)

Argentina (tres victorias)

Francia, Uruguay (dos victorias cada uno)

España, Inglaterra (una victoria cada uno)

(La Copa del Mundo no se celebró durante la Segunda Guerra Mundial).

Jugando contra Francia, Pelé fue imparable. ¡Marcó 3 goles en la segunda mitad! Los dos primeros fueron cerca de la portería, pero el tercero fue un disparo desde 20 yardas. La victoria por 5-2 los puso en la final de la Copa del Mundo en Estocolmo contra la nación anfitriona, Suecia.

Suecia hizo felices a sus fans, y sorprendió a Brasil, al anotar a solo 4 minutos de iniciado el juego. Era la primera vez que Brasil estaba debajo en todo el torneo. Pero muy pronto se recuperaron. Los compañeros de Pelé anotaron dos goles para Brasil.

En la segunda mitad, Pelé anotó para hacer el 3-1. Fue uno de los goles más notables de su carrera. Tal como lo había hecho contra Gales, bajó un pase largo con su pecho. Antes de que el balón cayera al suelo, lo pasó por encima de la cabeza del defensor. Pelé corrió más que el

defensor y metió el balón en la portería ¡antes de que llegara al suelo! Los jugadores suecos solo pudieron pararse a contemplar.

Pelé agregó otro gol más tarde, rematando el balón con su cabeza por encima del portero

sueco. Poco después de su segundo gol, sonó el silbato. El juego había terminado. Brasil 5, Suecia 2. ¡Brasil era el campeón del mundo!

Pelé lloraba cuando sus compañeros lo levantaron en hombros. No tenía miedo de mostrar la gran emoción que sentía. "Las lágrimas continuaron fluyendo, dejando rastros en el sudor que aún cubría nuestros rostros", escribió

más tarde. El equipo recibió el trofeo de la Copa del Mundo y conoció al rey Gustavo de Suecia, mientras escuchaba los vítores de los fans de Brasil.

Cuando regresó a Brasil, Pelé y el equipo nacional fueron recibidos como héroes. Hubo desfiles en Río de Janeiro y São Paulo. Después de

más de una semana de celebraciones, finalmente regresó a Bauru, donde otro desfile y su familia lo esperaban.

El joven de Bauru tenía solo diecisiete años y era campeón del mundo. Apenas unos años antes, había estado jugando sin zapatos en las calles sucias de Bauru. La carrera más legendaria en la historia del fútbol tuvo un buen comienzo.

Posiciones en el fútbol

Muchos equipos tienen 4 posiciones principales, pero los 11 jugadores de un equipo se pueden colocar en muchas formaciones diferentes.

Detrás está el portero. Es el único que puede usar sus manos, pero solo dentro de un área que se extiende dieciocho yardas desde la portería. Frente a él se encuentran los defensores, laterales y centrales. Los mediocampistas están en el medio y pueden atacar y defender. Al frente están los delanteros, que hacen la mayor parte de las anotaciones.

CAPÍTULO 5
Época de mucho trabajo

En el otoño de 1958, Pelé ya era conocido por los fans del fútbol de todo el mundo. Pero todavía tenía su trabajo en el club con el equipo Santos. A principios de ese año, se había mudado y vivía con una familia local. En un día libre, fue con algunos compañeros de equipo a ver un partido de baloncesto femenino.

Pelé estaba interesado en una de las jugadoras, y pidió conocerla. Sin embargo, Rosemeri Cholbi tenía solo 14 años, y Pelé tenía 17, por lo que no salieron enseguida. Rosemeri y Pelé se vieron mucho junto a sus amigos.

Rosemeri Cholbi

¡El único problema era que a Rosemeri no le gustaba el fútbol ni un poquito!

Al cumplir 18 años, Pelé sirvió en el ejército durante un año. En Brasil, no había excepciones a esta regla, ¡ni siquiera para los héroes nacionales! Todo hombre sano mayor de 18 años tenía que cumplir su servicio. Pelé fue destinado justo en Santos y fue tratado como cualquier otro soldado. Tuvo que aprender a marchar, a limpiar los

cuarteles, y cómo disparar un rifle. Sin embargo, su servicio no le impidió jugar al fútbol. Pelé jugó para un equipo del ejército, para el Santos y para Brasil. ¡Durante su año en el ejército, jugó más de cien partidos!

Cuando terminó en el ejército, el Club Santos quiso aprovechar al máximo a Pelé y a sus otras estrellas. En las dos temporadas siguientes tuvieron muchos partidos. Se programaron juegos en todo el mundo, haciendo que los atletas jugaran hasta el cansancio. "Fue un calendario brutal", dijo Pelé más tarde, "diseñado para hacer rico al Club Santos, y con poca consideración por los jugadores". Aunque era el jugador más famoso del equipo, los clubes profesionales le pagaban muy poco. Y los jugadores tenían que seguir las reglas o perdían sus trabajos.

Pero el agitado calendario de partidos llevó a Pelé por todo el mundo. El Santos viajó a América Central y a otras partes de América del Sur, e hizo un largo viaje a Europa. En Italia, Pelé y el equipo se reunieron con el Papa Juan XXIII, un gran honor para él, que era católico convencido. Viajaron a Egipto, donde pudo montar un camello. Adondequiera que Pelé iba, los fans llenaban los estadios para ver su magia futbolística. Él los recibía a todos con una sonrisa, incluso cuando estaba cansado o adolorido.

El Santos continuó en la liga de Brasil, ganando el campeonato en 1961 y todos los siguientes por 4 años. También ganó la Copa Intercontinental en 1962, un torneo jugado entre los mejores clubes profesionales del mundo. Pelé anotó 3 goles en ese partido de campeonato sobre un equipo de Portugal.

Ya Pelé era querido en todo Brasil. Los fanáticos ansiaban ver qué increíbles habilidades mostraría en el futuro. También era buscado por todos los clubes del mundo. ¡Un equipo de Italia le ofreció medio millón de dólares para que jugara allí! ¡Tenía 21 años y eso era diez veces más de lo que ganaba en el Santos!

El presidente de Brasil intervino. Dictaminó que Pelé era un "tesoro nacional". Se le prohibía jugar para cualquier otro club fuera de Brasil. Tal honor nunca había sido dado a ningún otro jugador del planeta. Aunque Pelé probablemente ganó mucho menos debido a eso, era un brasileño orgulloso y obedeció la nueva ley. ¡Pelé era ahora *O Rei*... el Rey!

En 1962, Pelé se lesionó la pierna en un partido del Santos. Su lesión llegó en un mal momento, pues Brasil reunía a sus mejores jugadores para defender su título de la Copa del Mundo. Pelé trabajó duro para mejorar. Jugó en el primer partido del equipo contra México y anotó un gol.

Pero en su segundo partido, contra Checoslovaquia, se volvió a lesionar la pierna y tuvo que salir del juego. El equipo llegó a la final, pero él no pudo jugar. Pelé observó con emociones encontradas desde el banquillo cómo sus compañeros ganaron su segunda Copa del Mundo consecutiva.

CAPÍTULO 6
El mundo de Pelé

Después de que su pierna finalmente se curara, Pelé volvió a su forma habitual de anotar goles. El Santos ganó varios campeonatos, incluyendo uno entre todos los clubes de Sudamérica.

En 1965, Pelé al fin le preguntó a los padres de Rosemeri si podía casarse con ella. Aunque estaba acostumbrado a jugar frente a multitudes, estaba nervioso. Fue a pescar con el padre de Rosemeri y le preguntó si podía casarse con ella. Los dos

continuaron pescando, pero el padre nunca le dio una respuesta a Pelé. Después de un largo día sobre el bote, le dijo: "Ya veremos". Finalmente, después de consultar a la madre de Rosemeri, ¡el matrimonio fue aprobado!

Pelé y Rosemeri se casaron ante un sacerdote en la casa de sus padres en 1966. Como era tan famoso, los fanáticos de Pelé habían llenado las calles afuera, esperando ver a la pareja. ¡No pudieron salir de la casa durante horas!

Para su luna de miel, Pelé y Rosemeri recorrieron Europa. Fueron a Francia, Suiza, Alemania, Austria e Italia. En Roma, tuvo la oportunidad de presentar a Rosemeri al Papa Pablo VI.

Cuando regresaron a Brasil, empezó a prepararse para la Copa del Mundo de 1966. Ya los otros equipos que iban a Inglaterra estaban listos para enfrentarse a Brasil. En los partidos contra Bulgaria y Portugal, los jugadores contrarios sabían que tenían que lesionar a Pelé para ganarle

a la selección brasileña. Y así, una y otra vez, los jugadores contrarios cometían falta sobre Pelé, pateándolo en las piernas. El comportamiento vergonzoso de los otros atletas hirió tanto a su cuerpo como a su orgullo. Ya no quería jugar para su equipo nacional. Portugal ganó su tercer

partido, ¡y Brasil quedó fuera de la Copa del Mundo!

¡En 1967, Pelé estuvo muy ocupado! Después de que Rosemeri diera a luz a Kelly Cristina, su primera hija, visitó los EE. UU. con el Santos. Sus apariciones allí establecieron récords de asistencia a los estadios en la historia del fútbol

del país. Aunque el fútbol no era tan popular, Pelé era bien conocido. Más tarde ese año, visitó África, incluyendo paradas en Senegal, Nigeria y Congo. Era acosado adondequiera que iba. "Para estas personas, que tenían pocas posibilidades de escapar de la terrible pobreza en la que se encontraban, de alguna manera representaba un rayo de esperanza", escribió más tarde.

En 1969, el Santos hizo otra gira por África. El pueblo del estado nigeriano de Biafra estaba

en guerra civil. Sin embargo, los miembros de ambos bandos de la lucha querían ver jugar a Pelé. Durante dos días los combates cesaron. Pelé y el Santos jugaron, y la guerra se reanudó una vez que

abandonaron Nigeria. Este único evento mostró cuán grande era realmente la estrella internacional Pelé.

Mientras tanto, los periodistas en Brasil seguían cuidadosamente las anotaciones de Pelé. Determinaron que había marcado casi mil goles

en su carrera profesional. Comenzó una cuenta atrás. Al fin, el 19 de noviembre de 1969, anotó en un tiro de penalti y alcanzó el número mágico. Los fanáticos se volcaron al campo y lo levantaron sobre sus hombros. Los fotógrafos se agolpaban a su alrededor. Le quitaron la camiseta y le pusieron una nueva. En lugar de una camiseta con su famoso número 10, la nueva llevaba el "1000". Solo unos pocos jugadores habían marcado tantos goles, y ninguno había sido tan famoso como Pelé.

De la misma manera que los fanáticos mostraban su amor por él, Pelé se los devolvía. En un discurso a la multitud, les agradeció su apoyo. También los alentó a ayudar a los jóvenes de Brasil que vivían en la pobreza. Pelé nunca olvidó que su propia juventud no había sido nada fácil.

CAPÍTULO 7
Un campeonato más

Al acercarse la Copa del Mundo de 1970, Pelé reconsideró volver a jugar para Brasil. La pobre deportividad que vio en la última Copa le preocupaba. Pero si él jugaba para su equipo, se convertiría en uno de los pocos jugadores que habían participado en 4 Copas del Mundo.

En ese momento, muchas más personas podían ver a Pelé. Esta fue la primera Copa que se transmitió en vivo y en color por TV. ¡Más de mil millones de personas vieron al mejor jugador de todos los tiempos! Algunos solo habían leído sobre él o lo habían visto en blanco y negro. Frente a esta gran audiencia, Pelé y Brasil montaron un increíble espectáculo de fútbol.

Pelé anotó un gol en el primer partido, que

ganaron a Checoslovaquia. Luego hizo un pase que condujo al gol de la victoria 1-0 sobre Inglaterra. Las victorias sobre Perú, Rumanía y Uruguay llevaron a Brasil a la final contra Italia.

Al comienzo del juego, Pelé se elevó por encima de un defensor para rematar el balón de cabeza. Pelé mandó el balón al fondo de la red. Como lo había hecho más de mil veces antes, corrió por el campo, celebrando con sus compañeros de equipo.

Las imágenes de esa celebración en México ahora se veían en todo el mundo.

La celebración continuó después que Brasil ganó el juego y su tercera Copa del Mundo, venciendo a Italia por 4-1. Una vez más, Pelé fue sacado en hombros del campo por sus compañeros.

Antes de la gran fiesta de esa noche, Pelé regresó al vestuario a orar y agradecer a Dios por los triunfos alcanzados. Una vez de regreso a Brasil, el equipo disfrutó de más desfiles y fiestas. Finalmente, terminaron las celebraciones. Pelé ansiaba volver a Santos con Rosemeri, que estaba embarazada. En agosto, nació su hijo, Edson. Pero todos lo llamaron por su apodo: Edinho.

Después de la Copa del Mundo de 1970, Pelé quería reanudar sus estudios y terminar la secundaria para ir a la universidad. En sus viajes, se dio cuenta de lo importante que era la educación. Quería ser un ejemplo para sus hijos. Pero para ganarse un lugar en una universidad, tuvo que aprobar unos exámenes muy duros.

Trabajó con maestros y estudió mucho.

Pelé fue aceptado en la Universidad de Santos en el otoño de 1970. Durante los siguientes tres años, tomó clases entre partidos para el Santos y obtuvo un título en educación física.

Durante este tiempo, dejó de jugar para el

equipo nacional de Brasil. Después de un partido el 18 de julio de 1971, se quitó su camiseta amarilla brillante por última vez. Dio una vuelta al campo para agradecer a las 180 000 personas que habían llenado el estadio. En sus últimos años con el Santos, se dedicó a usar su fama para ayudar a otros

jugadores. A los jugadores de fútbol profesional en Brasil no se les pagaba lo que merecían. Tampoco estaban protegidos como otros trabajadores. Si se lesionaban, algunos equipos ni siquiera pagaban sus facturas médicas. Pelé y otros jugadores estrella se reunieron con el gobierno para tratar de corregir esto. No llegaron muy lejos, y pasarían años antes de que la situación mejorara.

Pelé también le enseñó fútbol a los niños. Firmó un acuerdo con Pepsi que creó una serie mundial de academias de fútbol. Pelé planificaba las lecciones e incluso trabajó en algunas de ellas. También grabó un video con su amigo, el entrenador del Santos, Julio Mazzei, que mostraba

cómo mejorar las habilidades futbolísticas.

Y más tarde, Pelé concluyó su larga carrera con el Santos. En un juego el 2 de octubre de 1974, de repente agarró el balón con las manos, corrió hacia el círculo central del campo y se arrodilló con las manos en el aire. Esta fue una señal para todos

en el estadio de que estaba dejando el campo y el deporte, para siempre. Tomó un tiempo para que todos comprendieran lo que Pelé quería decir, pero luego entendieron. "La multitud se dio cuenta de lo que estaba haciendo", escribió más tarde. "Los honraba por los años que me habían honrado a mí".

Y eso fue todo. Mientras la multitud aplaudía y sus compañeros y oponentes lo aplaudían, Pelé salió del terreno por última vez en Brasil.

Con los equipos Santos y Brasil, Pelé ya había

conquistado la mayor parte de los honores del fútbol. Fue el único tres veces campeón de la Copa del Mundo y fue uno de los máximos goleadores de todos los tiempos. Fue un tesoro nacional brasileño y un héroe para miles de millones de fanáticos en todo el mundo. Pero tenía la vista puesta en un nuevo objetivo: Estados Unidos.

CAPÍTULO 8
Los triunfos de Pelé continúan

Durante toda la carrera de Pelé en Brasil, el fútbol no había sido muy popular en los EE. UU. Algunos inmigrantes seguían a los equipos de sus países de origen. Pero a pesar de que había un equipo nacional, muy pocos estadounidenses jugaban. En 1968, se formó una nueva liga profesional, con la esperanza de llevar "el deporte rey" a los EE. UU. La Liga Norteamericana de Fútbol (NASL) quería llamar la atención, y reclutó a estrellas del fútbol de todo el mundo.

En 1975, después de dejar el Santos, le pidieron a Pelé que se uniera al

Cosmos de Nueva York. Con 34 años, sus mejores días como jugador habían pasado. Pero todavía amaba el juego y estaba dispuesto a probar su grandeza. Y el Cosmos entendió que el mundialmente famoso Pelé podría atraer nuevos fanáticos al deporte.

Pero primero, ¡Brasil tuvo que dejarlo ir! El Secretario de Estado, Henry Kissinger, un fanático del fútbol, persuadió al presidente de Brasil para que permitiera que Pelé, el "tesoro nacional",

 jugara en EE. UU. El Cosmos le dio a Pelé un contrato de ¡más de 4 millones!, 4 veces más que lo que ganaba el jugador de béisbol estadounidense mejor pagado. Era más dinero del que había ganado en todos sus años con el Santos.

La gran estrella provocó reacciones encontradas. Los fans del fútbol estaban encantados. Pero los periodistas deportivos, no entendían tanto

alboroto. "¿Cómo te puede gustar un deporte en el que no puedes usar tus manos?", bromeaban. Para sorpresa de todos, los estadios no se llenaron en los primeros juegos del Cosmos, y el equipo perdió más juegos que los que ganó. Habría sido arriesgado traer a Pelé al Cosmos.

En 1977, sin embargo, la apuesta daba sus frutos. El Cosmos se había convertido en un gran éxito dondequiera que jugaban. Todos los juegos fueron televisados. Grandes multitudes llenaron estadios en todo el país. Otras estrellas se unieron a Pelé en el equipo, entre ellas el alemán Franz Beckenbauer y el italiano Giorgio Chinaglia. En la

tercera temporada de Pelé, el Cosmos ganó el *Soccer Bowl*, el juego por el campeonato de la NASL.

Cuando Pelé se retiró en EE. UU., se celebró un partido de despedida en el *Giants Stadium* de

Nueva Jersey. El 1 de octubre de 1977, el Cosmos organizó un partido contra el Santos, el antiguo club de Pelé de Brasil. La mayor multitud en la historia del fútbol estadounidense (75 616) llenó

el estadio. En el primer tiempo, Pelé jugó para el Cosmos y anotó un gol. En el segundo tiempo, cambió de bando y jugó una vez más para el Santos. Terminó su carrera con un total de 1281 goles. Tenía treinta y seis años.

Antes del partido, Pelé habló con los fans. Les agradeció por apoyarlo. Luego les pidió que repitieran una palabra, una y otra vez. Esta expresaba sus sentimientos por sus fanáticos, por el juego y por la gente de todo el mundo, entonces gritó: "¡Amor! ¡Amor! ¡Amor!" ¡Los fanáticos le devolvieron todo el "Amor" a Pelé!

En el medio tiempo, le dio su camiseta del Cosmos a su padre para agradecerle por haberlo iniciado en el fútbol, y abrazó a Rosemeri. Después del partido, los jugadores de ambos equipos sacaron a Pelé del campo en hombros por última vez.

El fútbol en Estados Unidos

El fútbol se ha jugado en EE. UU. desde la década de 1860. Pero solo recientemente se ha vuelto muy popular.

Aunque la *American Youth Soccer Organization* (AYSO) había comenzado en 1964, no hubo una liga de fútbol profesional exitosa en los EE. UU. hasta que la *North American Soccer League* (NASL) comenzó en 1968. Pelé y el Cosmos de Nueva York iniciaron el auge futbolístico durante sus años en los EE. UU., de 1975 a 1977.

En 1994, EE. UU. organizó su primera Copa del Mundo en 9 ciudades diferentes.

La *Mayor League of Soccer* (MLS), que comenzó en 1996, tiene más de 25 equipos jugando en los EE. UU. y Canadá. En 2026, Estados Unidos volverá a organizar la Copa del Mundo, junto con los vecinos de Norteamérica, México y Canadá.

Después de retirarse del juego, Pelé decidió trabajar con varias compañías en Brasil y pasar tiempo con sus hijos. Rosemeri había dado a luz a su hija Jennifer, su tercera hija, en 1978.

Pelé siguió ayudando a los niños y a muchos más. Continuó viajando y manteniendo academias de fútbol patrocinadas por Pepsi. Trató de conocer a tantos niños como pudo. Como una de las personas más famosas del mundo, era recibido por presidentes y miembros de la realeza

dondequiera que iba. En 1994, fue nombrado embajador mundial de buena voluntad de la Organización de las Naciones Unidas para la Educación, la Ciencia y la Cultura. Tenía 54 años.

En 1995, fue nombrado Ministro de Deportes de Brasil. Aprovechó esto para mejorar la vida de los futbolistas de Brasil. Ya en 1998, había creado reglas que hacían que los clubes de fútbol trataran a sus jugadores de manera más justa. El gobierno aprobó la "Ley Pelé", que ayudó a liberar a los jugadores para cambiar de equipo, proporcionó seguro por sus lesiones y alentó a los propietarios a pagarles más.

Su familia siguió creciendo. Se había divorciado de Rosemeri hacía más de 10 años y en 1994 se casó con Assíria Lemos. Pelé y Assíria tuvieron gemelos, Joshua y Celeste, dos años después.

A finales del siglo XX, se hizo una votación en todo el mundo para elegir al mejor jugador de fútbol del siglo. Pelé fue el ganador ¡en casi todos los países! La organización mundial del fútbol, FIFA, también lo nombró uno de los dos Jugadores del Siglo.

Pelé se divorció de Assíria en 2008 y se casó con Marcia Aoki en 2016. Por años, actuó como portavoz de compañías interesadas en que uno de los atletas más famosos del mundo representara sus negocios. También ayudó a recaudar dinero para organizaciones benéficas, incluyendo UNICEF y un hospital infantil en Brasil.

Al final de su vida, Pelé tuvo muchos problemas de salud. Le reemplazaron la cadera en 2012, y en 2021, le diagnosticaron cáncer de colon. En 2022, el COVID-19 le afectó sus pulmones. Mientras estaba en el hospital, los fanáticos de todo el mundo le enviaban mensajes de amor y

esperanza. Los jugadores le dieron apoyo. "¡Oren por el Rey!", escribió la estrella Kylian Mbappé.

El cáncer de Pelé empeoró, y el 29 de diciembre de 2022, murió en Brasil a la edad de 82 años.

Los recuerdos y el agradecimiento llegaron de todo el mundo. Los fans recordaron lo que Pelé había hecho por ese deporte. Los había deslumbrado con sus increíbles habilidades futbolísticas por décadas. Luego se convirtió en embajador internacional del fútbol. Será recordado como uno de los jugadores más queridos que haya visto el mundo del deporte. *¡Viva o Rei!* ¡Viva el Rey!

Cronología de la vida de Pelé

1940	Nace en el pueblo de Três Corações, Brasil
1955	Se une al club profesional Santos FC en São Paulo
1958	Gana la Copa del Mundo con la selección brasileña
1966	Se casa con Rosemeri Cholbi
1967	Nace su hija Kelly
1969	Anota el gol número 1000 de su carrera
1970	Gana la tercera Copa del Mundo con la selección brasileña; es el primer jugador en ganar tres Copas del Mundo
	Nace su hijo Edinho
1974	Se retira del Santos FC
1975	Juega para el New York Cosmos de la NASL
1977	Lleva al Cosmos a ganar el Soccer Bowl de la NASL
	Juega el último partido como profesional, para el New York Cosmos contra Santos en el primer tiempo y para el Santos contra el Cosmos en el segundo
1978	Nace su hija Jennifer
1994	Se casa con Assíria Lemos
1995	Se convierte en Ministro de Deportes de Brasil
1996	Nacen los gemelos Joshua y Celeste
2000	Es nombrado uno de los dos jugadores del siglo por la FIFA
2016	Se casa con Marcia Aoki
2022	Muere en Brasil de cáncer a la edad de ochenta y dos años

Cronología del Mundo

1939	Comienza la Segunda Guerra Mundial en Europa
1945	Se fundan las Naciones Unidas
1949	China es tomada por los comunistas liderados por Mao Tse-tung
1954	El británico Roger Bannister se convierte en el primero en correr una milla en menos de 4 minutos
1957	La URSS pone en órbita el primer satélite artificial
1960	Brasilia se convierte en la capital de Brasil
1964	Los Beatles dan su primer concierto en Estados Unidos
	Estados Unidos firma la Ley de Derechos Civiles
1969	La Apolo 11 aterriza los primeros hombres en la luna
1971	Se envía el primer correo electrónico
1976	Estados Unidos celebra su bicentenario, su 200th cumpleaños
1989	Cae el Muro de Berlín, uniéndose las dos Alemanias
1991	Se publica el primer sitio web público
1994	Nelson Mandela se convierte en el primer presidente negro de Sudáfrica
2008	Barack Obama se convierte en el primer afroamericano presidente de Estados Unidos
2022	La Copa del Mundo se celebra en el mundo árabe por primera vez, en Qatar

Bibliografía

*Libros para jóvenes lectores

*Buckley, James Jr. ***Pelé: A Photographic Story of a Life.***
New York: DK Publishing, 2007.

*Cline-Ransome, Lesa. ***Young Pelé: Soccer's First Star.*** New York:
Random House, 2007.

Harris, Harry. ***Pelé: His Life and Times.*** New York: Welcome Rain
Publishers, 2002.

Pelé, with Robert L. Fish. ***Pelé: My Life and the Beautiful Game.***
New York: Doubleday, 1977.

Pelé, with Orlando Duarte and Alex Bellos. ***Pelé:***
The Autobiography. New York: Simon & Schuster, 2006.

*Pelé, with Frank Morrison. ***For the Love of Soccer.*** New York:
Disney-Hyperion, 2010.